DESPORTO DE BASE

Dados Internacionais de Catalogação na Publicação (CIP)
(Câmara Brasileira do Livro, SP, Brasil)

Oliveira, Marcelo de
Desporto de base / Marcelo de Oliveira . – São Paulo:
Ícone, 1998.

ISBN 85-274-0519-9

1. Educação física 2. Educação física – Estudo e ensino 3. Esportes 4. Esportes – Estudo e ensino I. Título.

98-0604   CDD–796.07

Índices para catálogo sistemático:

1. Desportos de base: Estudo e ensino: Esportes   796.07

MARCELO DE OLIVEIRA

DESPORTO DE BASE

© Copyright 1998.
Ícone Editora Ltda

Capa
William Jones Jr.

Diagramação
Rosicler Freitas Teodoro

Revisão
Rosa Maria Cury Cardoso
Antônio Carlos Tosta

Proibida a reprodução total ou parcial desta obra,
de qualquer forma ou meio eletrônico, mecânico,
inclusive através de processos xerográficos,
sem permissão expressa do editor
(Lei nº 5.988, 14/12/1973).

Todos os direitos reservados pela
ÍCONE EDITORA LTDA.
Rua das Palmeiras, 213 — Sta. Cecília
CEP 01226-010 — São Paulo — SP
Tels. (011)826-7074/826-9510

AGRADECIMENTO

Aos que são e foram meus alunos, sem os quais jamais teria motivos para escrever.

DEDICATÓRIA

Aos meus pais,
por me darem a oportunidade
de seguir os meus próprios passos,
sem nunca deixar que caísse
no meio do caminho.

AGRADECIMENTO ESPECIAL

Ao Prof. Dr. Afonso Machado,
por sua inestimável
inteligência e competência,
sem o qual seria impossível
a realização deste trabalho.

PREFÁCIO

É com grande admiração e alegria que vejo esta obra na forma e conteúdo em que é apresentada. Na sua maneira de utilizar a linguagem para alcançar seus objetivos, o professor Marcelo de Oliveira, amigo, ótimo caráter, possuidor de personalidade forte e determinadora, caracteriza-se, principalmente, pelo dinamismo que imprime em suas atividades cotidianas. Uma pessoa preocupada com a formação de atletas jovens, mas, acima de tudo, de pessoas que consigam conviver em sociedade – coisa que poucos profissionais sabem fazer.

Na minha opinião, está surgindo um dos melhores profissionais neste segmento – segmento que sofre da pobreza literária e problemas estruturais – sendo por ele tratado da forma mais útil e inteligente possível. Em minha vivência dentro do esporte, em se tratando de formação de jovens atletas, esta obra vem colaborar na mudança de opinião daqueles que pensam na vida como uma constante competição e se esquecem do lado cognitivo, afetivo e motor da criança – fatores nos quais a Educação Física caminha de forma segura em suas bases didáticas.

Esta obra se apresenta como uma forma de analisar as principais técnicas empregadas no estudo do desporto de base, procurando oferecer subsídios que possam servir de embasamento necessário a uma melhor compreensão de tão importante assunto ligado às áreas do conhecimento relacionado com a promoção da saúde e da formação de novos atletas.

Com freqüência nos referimos à Educação Física como competição esportiva. No entanto, ela abrange os vários aspectos das habilidades motoras e esportivas durante um período de vivência importante do indivíduo, no sentido de que este tenha uma decisão segura daquilo que será seu futuro, muitas vezes o seu trabalho. Apesar de todo o esforço do autor, devo lembrar que um assunto de tal magnitude não se resolve numa única frente e à custa de um único fator.

Somente a coordenação das diversas partes, perfeitamente estruturadas e harmoniosamente conduzidas, pode produzir bons resultados. A educação desportiva é um problema que também pertence à escola, de modo que o desporto, em matéria de educação, deve ser pedagogicamente orientado e dirigido. Não posso deixar de expressar a minha satisfação quando vejo um autor, como o professor Marcelo de Oliveira, realizar uma obra de tamanha importância e riqueza tanto para a Educação Física brasileira como para o esporte como um todo. Espero que esta obra sirva de fomento para que professores e áreas afins tomem consciência da real importância do "Desporto de Base".

Prof. Paulo Cesar de Aguiar
Preparador Físico do Vôlei Adulto do Palmeiras

ÍNDICE

Objetivos 15
Justificativa 17
Introdução 19

PARTE UM

1 – **Desporto de Base** 25
  1.1 – Escola de Esportes 27
  1.2 – Funções da Escola de Esportes 29
  1.3 – Duas fases: iniciação esportiva
         e especialização esportiva 33
  1.4 – Aulas e treinamentos 35

PARTE DOIS

2 – **Iniciação Esportiva** 39
  2.1 – Desenvolvimento motor 39
  2.2 – Aprendizagem motora 45
    2.2.1 – Aprendizagem motora na
          iniciação esportiva 47
  2.3 – Objetivos da iniciação esportiva 51
  2.4 – Autonomia motora 52
  2.5 – O jogo na iniciação esportiva 54
  2.6 – Uma experiência prática 56
    2.6.1 – Divulgação 57
    2.6.2 – Resistência dos pais 58
    2.6.3 – Mudança de comportamento 58

PARTE TRÊS

3 – Especialização Esportiva 63
   3.1 – Conceito 63
   3.2 – Gesto técnico 64
   3.3 – Aprendizagem do gesto técnico 64
   3.4 – Etapas da especialização 69
      3.4.1 – Incorporação 72
      3.4.2 – Aperfeiçoamento 74
      3.4.3 – Eficiência 75
      3.4.4 – Rendimento 75
   3.5 – O jogo na especialização esportiva 76
      3.5.1 – Tática aplicada ao jogo 81
Considerações finais 85
Cronograma de implantação de Escola de Esportes 87
Bibliografia 89

OBJETIVOS

A Educação Física é uma profissão que requer reciclagem a todo o instante, haja vista o incrível número de material produzido pelas ciências correlatas e pela própria experiência e estudo de muitos profissionais que atuam no campo da atividade física. A observância de certas circunstâncias pertinentes ao desporto despertaram o interesse em desenvolver um texto em que pudessem transparecer informações importantes sobre a questão da formação desportiva. Oferecido nos clubes, escolas públicas ou privadas e associações desportivas, através das chamadas escolas de esportes, o desporto vem provocando a especialização precoce nos mais variados segmentos esportivos. O que se tem assistido é uma aderência cada vez maior ao desporto de competição, que nem sempre propicia as melhores intervenções no ser humano.

À guisa da prática da especialização precoce, o meio esportivo vem assistindo a um número cada vez mais freqüente de desistências e fracassos de crianças e adolescentes, que ingressam no desporto, porém não continuam, seja competitivo ou não. O presente texto tem por objetivos nortear o trabalho de iniciação e especialização esportiva: seus objetivos e preceitos. Também tem o objetivo de dirigir a dinâmica dos exercícios – aulas e treinamentos – para além da procura de rendimento, propiciando condições educativo/formativas essenciais para o desenvolvimento satisfatório do ser humano, tornando-o acessível a uma maior parcela da população, e não apenas a um pequeno grupo de pessoas privilegiadas.

Além disso, este material procura informar os profissionais da motricidade humana sobre conhecimentos pedagógicos, didáticos e de desenvolvimento importantes ao trabalho realizado em quadras, piscinas, praças esportivas ou salão, de indivíduos na faixa etária entre cinco e vinte anos. Por fim, procura incrementar a gama de possibilidades de utilização do desporto, multidirecionando às diversas aplicações que o esporte possui, considerando que este pode ser um meio e não um fim em si mesmo. Enfocando uma linha pedagógica atual, busca fazer transparecer o trabalho que respeita o desenvolvimento do ser humano, baseando-se em conteúdos educacionais, a partir das teorias mais recentes acerca do movimento e da aprendizagem.

JUSTIFICATIVA

Tendo em vista informações coletadas e observadas "in loco" de algumas atividades iniciais de centros esportivos, clubes esportivos, associações classistas e escolas (particulares ou públicas), e com a prática acumulada em escola de esportes, o presente projeto/estudo surge para esclarecer a necessidade de se fazer um trabalho pedagógico a longo prazo, ao contrário daquilo que se vem fazendo: a especialização esportiva precoce. Com isso, almeja-se nortear o corpo de conhecimentos do professor, contribuindo para que o profissional possa cada vez mais consolidar seu perfil de especialista na área de movimento e educação. Além disso, este texto procura preencher uma lacuna criada dentro do universo esporte, informando o profissional em Educação Física e motricidade humana da necessidade de um trabalho metodológico calcado nas teorias de aprendizagem e desenvolvimento.

A necessidade de dirigir o desporto para outras tendências, disseminando-o em âmbito populacional, desvinculando-se parcialmente da finalidade unilateral da formação de atletas, faz deste material uma fonte de consulta que pode auxiliar o profissional no seu dia-a-dia. Também se faz necessário afirmar que este projeto pode incrementar a oferta de atividades motoras e esportivas existentes em instituições que congreguem o desporto, trazendo às pessoas que por estas atividades se interessem, o prazer em utilizar seu corpo de forma mais criativa, livre e autônoma. Este projeto está embasado nas teorias de ASTRAND (1992), GALLAHUE (1985, 1996), GODOY (1992), GONÇALVES (1994), GRECCO (1997), GUARINO (1996), INCARBONE (1989),

KNAPPE (1991), MACHADO & PRESOTTO (1997), MANOEL (1994), PANZETTI (1996), PIAGET (1977), PROENÇA (1989), RODRIGUES (1989) e TUBINO (1993), vindo, portanto, a somar esforços com profissionais habilitados, que militam na área inicial em escolas de esportes, buscando engrandecer o meio acadêmico e profissional da motricidade humana.

INTRODUÇÃO

Nos últimos anos vem crescendo cada vez mais a penetração da atividade física e do desporto em toda a população. É impressionante como vem crescendo o número de associados que as entidades esportivas e educacionais contêm, sejam elas particulares, classistas ou públicas. É comum vermos as quadras destes locais cheias de crianças fazendo alguma atividade esportiva e, mais comum ainda, é ver um professor de Educação Física orientando os trabalhos.

Dentro deste contexto, o desporto tem grandes forças: sociais, políticas e financeiras. Além destas, há também as do prazer e satisfação, como se o esporte fosse o preenchimento do tempo livre, traduzindo-se em lazer. No que tange à criança, o desporto serve como meio de educação e formação; ao adulto, preenchimento de necessidades sociais e pessoais. No entanto, o que temos observado ultimamente é um crescente número de crianças especializando-se precocemente: é o esporte pelo esporte. Essa precocidade, aplaudida por pais, mídia e dirigentes, na verdade, é um fator incógnita para o esporte brasileiro. Em nome da competitividade do esporte, induz-se a criança à prática sistemática e rigorosa, o que pode refletir em atletas com deficiências de movimento e técnica.

Esta afirmação se faz pelo conhecimento que temos acerca do processo de desenvolvimento motor do ser humano e sua relação com a aprendizagem. A precocidade transcende certas etapas do desenvolvimento motor e retira da criança e do adolescente a possibilidade de experimentar diversas movimentações diferentes e vivências importantes para a formação de seu caráter pessoal, social e esportivo.

O desporto não é mais apenas espetáculo de rendimento e, por isso, não mais pertence a um pequeno grupo de praticantes. Ao contrário, rompeu as fronteiras e atinge cada vez mais pessoas interessadas em praticá-lo, sem a intenção de que essa prática seja competitiva. A escola de esportes, instrumento institucionalizado do desporto, abrange essa parcela significativa da população. Suas finalidades multidirecionais permitem uma maior flexibilização quanto à sua prática. O primeiro capítulo traz considerações acerca da escola de esportes, imputando-lhe suas características: social, pedagógica e desportiva. Trabalhando seus conteúdos, utilizando movimento, a escola de esportes explora o universo da aprendizagem motora do ser humano e suas implicações no futuro gesto técnico, procurando estabelecer critérios importantes da possível formação de atletas.

A segunda parte trará importantes considerações sobre a iniciação esportiva. Faremos uma breve explanação sobre o desenvolvimento motor e indicaremos particularidades deste período referentes à educação e formação geral do indivíduo. A terceira parte concentrar-se-á na especialização esportiva, que traz considerações sobre o processo de especialização e suas implicações na formação do futuro atleta. Serão apontadas as fases nas quais o indivíduo percorre, conferindo as características relativas a cada uma delas.

Neste trabalho não desprezamos a importância de profissionais de outras áreas. Apenas estamos procurando situar o professor de Educação Física como responsável maior do processo de formação de atletas. Isso não quer dizer que o psicólogo, o pediatra, o ortopedista, o fonoaudiólogo etc., não sejam importantes. Pelo contrário, todos são essenciais ao processo, cada qual com suas incumbências. Fica claro, no entanto, que o processo de formação de atletas precisa passar por uma revisão. É muito comum encontrarmos clubes e associações iniciando precocemente a criança no esporte. E também é muito comum vermos crianças e adolescentes desistirem do esporte por não mais se interessarem, ou por estarem saturados de cobranças e pressões. Este material não esgota o assunto, muito pelo contrário, apenas evidencia um procedimento que pode salvar a integridade da criança e do adolescente, fazendo-o permanecer no esporte por mais tempo.

PARTE UM

DESPORTO DE BASE

1 – DESPORTO DE BASE

Quando assistimos a uma disputa de qualquer esporte, muitas vezes ficamos impressionados com a beleza com que os movimentos são realizados e pensamos ser incapazes de praticar algum esporte e executar tais movimentações. É certo que durante muito tempo o desporto esteve ao alcance de um seleto grupo de pessoas privilegiadas: social, psicológica, financeira e geneticamente predispostas à dinâmica do desporto competitivo. A predominância da competição de alto nível impôs durante muito tempo o processo seletivo do desporto, centrando-se num pequeno número de participantes, se comparado à população em geral. No entanto, o desporto não mais é encarado apenas sob o ponto de vista do rendimento. As mudanças de comportamento provocadas pela tecnologia – máquinas fazendo o trabalho do homem – levaram o ser humano a exercitar seu corpo em menor escala.

As transformações sócio-técnico-culturais ocorrentes nas últimas décadas impulsionaram o desporto para uma manifestação cultural sem fronteiras. Passou a ser um meio de atividade física e as tendências educacionais se apropriaram dele e o acresceram de importância. Esse fenômeno, que abraça a humanidade, porém, nem sempre apresenta meios eficazes que permitam a aproximação das pessoas à prática desportiva, deixando-as, muitas vezes, na condição de espectadoras. Existe uma riqueza enorme de finalidades contidas no fenômeno desporto, que pode e deve ser explorada. Essa nova forma de encará-lo vem provocando alterações substanciais na maneira de como ele se organiza e se difunde. A tendência atual acena para uma democratização do desporto, disseminando-o entre pessoas consideradas "normais", cuja finalidade é propiciar, além de espetáculo de rendimento, educação e lazer (GODOY,1992). Alguns autores como TUBINO e MOREIRA (1992) já demostraram que o desporto é muito mais abrangente e que suas finalidades vão além da competição: trata-se de se imputar ao esporte outras características igualmente importantes. Até há alguns anos o termo "desporto de base" era isolado e pouca importância lhe era dado. Porém, nas últimas décadas, houve uma crescente preocupação com o universo desportivo. PANZETTI et al. (1996) apontam a preocupação que BENTO (1990) já possuía, afirmando ser necessária a crítica ao universo desportivo pelas promessas que faz e não cumpre. FERREIRA (1996) afirma que as questões entre as atividades esportivas visando rendimento e as atividades em torno do lúdico são recentes para os professores. No entanto, afirma que a inclusão de atividades de desporto deve ser reconhecida em sua importância para o ensino básico.

O desporto de base, cuja prática é mais extensa, cresceu em grande escala, atingindo uma maior quantidade de pessoas. Encontramos atividades do desporto de base em instituições particulares e públicas, variando em finalidades e ofertas.

Fig. 1 - Estrutura do desporto de base.

A estrutura do desporto de base permite que sejam objetivadas atividades de cunhos lúdico/terapêutico e competitivo. Assim o termo "desporto de base" possui atualmente o seu lugar de direito, cuja ação vai além da simples formação de atletas. Vai desde atividades lúdicas e de lazer até estímulos ao aparecimento de novos atletas. Não se restringe a uma faixa etária exclusiva e engloba os vários segmentos sociais.

Existem algumas iniciativas, tais como os projetos de desporto de base realizados nas cidades de Piracicaba e Indaiatuba, cujas ações envolvem a democratização do esporte, a participação da comunidade independente da idade e a formação de atletas que representem estas cidades em jogos regionais.

Desta forma, o esporte é utilizado como forma de relacionamento social e formativo, além de espetáculo de rendimento. A dinâmica do desporto de base pode levar indivíduos ao esporte de alto nível. Se isso ocorrer, será conseqüência de um desenvolvimento satisfatório aliado a uma condição orgânica pessoal propensa ao rendimento esportivo.

1.1 - Escola de Esportes

O desporto de base tem essa definição pois envolve grande número de pessoas, que no esporte tem a oportunidade de participar como agente da ação. Sendo tão abrangente, e por conter importantes fatores de formação e aprendizagem, devem existir portas de entrada que favoreçam o acesso da população. A escola de esportes é uma destas portas de entrada. Partindo do próprio termo, é um tipo de departamento existente em escolas, clubes ou associações desportivas, onde a aprendizagem e a educação se alinham em prol da aquisição de habilidades motoras, procurando o desenvolvimento do ser humano nos campos pessoal, social e esportivo.

Diferente da educação física infantil, mas utilizando-se desta para alcançar seus objetivos, a escola de esportes acaba sendo a extensão do trabalho de desenvolvimento motor da criança. A introdução da Escola de Esportes nas instituições desportivas veio da necessidade de se ter uma atividade planificada, em que a criança, além do desenvolvimento de fundamentos referentes à sua vida e ao cotidiano no que diz respeito ao movimento, pudesse aprender e desenvolver suas habilidades físico-motoras, psíquicas e cognitivas ao nível esportivo. É a forma de poder trabalhar o desporto de forma psicopedagógica, cuja reprodução seja monitorada por profissionais habilitados e especializados nesta atividade. Em decorrência, tende a evitar excessos: atleta precoce, desgaste do próprio esporte e desinteresse da população.

Neste contexto, o papel da escola de esportes é muito importante por possibilitar a prática esportiva mais abrangente, fugindo do meio puramente competitivo. Aborda o esporte como forma de manifestação cultural e, por isso, mais livre, consegue captar maior número de praticantes, que em outra situação não teriam a chance de aprenderem ou desenvolverem uma ou mais atividades esportivas. A escola de esportes não se dissocia do chamado esporte institucionalizado, pois está inserida em centros de aprendizagem esportiva, com cunho formal e hierarquizado. No entanto, suas estruturas psicopedagógicas procuram desenvolver as potencialidades do indivíduo, independente de ser ou não um talento.

FERREIRA (1996) aborda a necessidade de trabalhar o esporte dentro do contexto cultural, afirmando que a competição e o rendimento ainda permanecem presentes no cotidiano da prática esportiva. PANZETTI et al. (1996), dentro do raciocínio sobre ética no esporte, afirmam que a estrutura esportiva se apóia no rendimento e na produção de atletas, trazendo, como conseqüência, a perda da sua individualidade. Prosseguem afirmando que o atleta ou aluno é dotado de identidade própria, devendo ser preservada. Na escola de esportes os aspectos educacionais voltados para a descoberta do próprio ser devem estar presentes e os trabalhos desenvolvidos tendem a buscar estas finalidades.

1.2 - Funções da Escola de Esportes

A oportunidade de entrar em contato direto com o esporte já é, por si só, um grande estímulo. Não basta às pessoas assistirem ao jogo ou à prova, mas, sim, fazerem parte deles, sentirem-se neles. A escola de esportes aproveita essa empatia e traz para si a responsabilidade de viabilizar o ingresso do indivíduo ao esporte. Atualmente, seja individual ou coletivo, o esporte está presente nas diferentes sociedades e culturas, possuindo diversas finalidades, abrangendo variadas camadas sociais, diferentemente de algumas décadas atrás, quando era voltado ao rendimento e às competições de alto nível (TUBINO, 1992). Devido a essas transformações conceituais ocorrentes desde o início do século, a escola de esportes, aos poucos, foi conquistando espaços e preenchendo a lacuna que foi legada por nossos antecessores. Sua importância cresceu à medida que a população foi descobrindo no esporte algo mais do que apreciar uma equipe jogando contra outra. O valor utilitário do esporte no dia-a-dia e sua reconhecida promoção de prazer, quando não encarado como competição, fomentaram o aumento de procura daqueles que até então viam no esporte apenas um espetáculo.

Segundo KNAPPE & HUMMEL (1991), na "instituição escola" a formação de base representa um domínio de formação autônomo, insubstituível e relativamente complexo. A partir disto, designam a importância do trabalho corporal e esportivo de base e apresentam um quadro da estrutura de funções da escola de formação de base, conforme a Fig. 1.1.1:

Fig. 1.1.1 - Funções da instituição escola (Knappe & Hummel, 1991).

Ainda para os autores, a formação de base deve evitar os extremos e encontrar soluções equilibradas, devendo interligar os seguintes aspectos:
• A influência sob o sistema motor individual;
• Educação para a prática desportiva;
• Formação planificada a longo prazo;
• Flexibilização do conteúdo e abertura do ensino.

O modelo apresentado está relacionado com o desporto trabalhado em escolas de ensino, mas podemos nos apropriar destas propostas e aplicar na escola de esportes, uma vez que as características são bastante inerentes aos seus propósitos. Assim, analisando a estrutura da formação de base e as propostas de soluções, podemos afirmar que a escola de esportes tem a função de reprodução, pois é nela que o esporte é transmitido aos alunos dentro de suas regras e formas de movimentações. Também possui a função de socialização e emancipação, pois deve propiciar a liberdade de ação e aproximação entre os indivíduos que se relacionam durante a prática do esporte.

Fig. 1.1.2 - Funções da escola de esportes.

Na escola de esportes encontramos, como pressuposto, a integração social do indivíduo. Em qualquer evento promovido relacionado à atividade esportiva infantil não competitiva (e muitas vezes com adultos) aparece esta finalidade, mesmo que nem sempre isso ocorra na prática. O fato de o indivíduo participar de aulas com certo número de pessoas, com o estímulo à interação, conduz o indivíduo a um contato humano entre os participantes. Para PANZETTI et al. (1996) o esporte não pode ser encarado como simples prática, devendo tornar-se mais humano. O contato, a troca de informações e sensações, impelem o indivíduo a um relacionamento social intenso, não só favorecendo a integração, como também a reintegração social, uma vez que o esporte faz da pessoa que o pratica um indivíduo útil. Em relação a este último aspecto, vale salientar o trabalho efetuado com portadores de deficiências, que encontram no esporte um grande meio de relacionarem-se e sentirem-se importantes.

Também está presente o fator educacional: o esporte como meio de desenvolvimento do comportamento. No processo de formação esportiva, que vai desde a tenra idade até a vida adulta, a educação pode ser trabalhada de forma intencional. As atividades propostas em todo este processo tendem a levar o indivíduo a um conhecimento mais profundo de si mesmo e suas limitações. Isto favorece no controle que terá sobre o seu próprio corpo e também no reconhecimento das dificuldades e limitações das outras pessoas com as quais se relaciona. Também colabora com o desenvolvimento do autocontrole emocional (quando bem trabalhado): limita a ação violenta e desnecessária, amplia a capacidade de controlar o nervosismo e a ansiedade, além de propiciar um melhor relacionamento com seus semelhantes.

Por fim, outra função da escola de esportes situa-se no fomento de descoberta de indivíduos capazes de ingressar na prática esportiva competitiva: o talento. Desta forma, o trabalho que vai desde a iniciação esportiva até a conclusão da especialização esportiva calca-se também na busca de talentos que possam suprir o esporte de alto nível. Daí a necessidade de profissionais capazes de intervir corretamente nos indivíduos que estão aprendendo. Nestas perspectivas – integração social, aprendizagem e educação, busca de talentos – faz-se a pergunta: a Escola de Esportes objetiva a aprendizagem da modalidade buscando a educação esportiva e integração social ou visa a preparação de atletas para competições?

Esta indagação dá margem a diversas respostas, dependendo do direcionamento que cada entidade desportiva possui. No entanto, todos estes aspectos podem ser buscados dentro do longo período que compõe a freqüência do aluno na escola de esportes. A diferenciação dar-se-á longitudinalmente, ou seja, em épocas distintas com trabalhos distintos. Assim, num primeiro momento poderemos objetivar a formação equilibrada do ser humano nos aspectos cognitivo, afetivo e psicomotor para, num segundo momento, dar-lhe a chance de aprender e desenvolver-se em um ou mais esportes. Se o seu desenvolvimento for satisfatório ao ponto de destacar-se diante do grupo no qual está inserido, aí sim, poderemos estar observando o nascimento de um atleta.

1.3 – Duas fases: iniciação esportiva e especialização esportiva

A prática de qualquer esporte requer condições de aprendizagem e desenvolvimento que permitam sua aquisição. De nada adianta o trabalho minucioso relativo ao esporte se a educação corporal, composta por esquemas e condutas motoras, não está desenvolvida a contento. Antes da prática esportiva o indivíduo deve reunir condições físico-motoras, cognitivas e psicológicas satisfatórias: todas precursoras do desenvolvimento equilibrado do organismo e suas possibilidades de movimentos, tornando-o apto para a aprendizagem do esporte. Partindo deste princípio, resolvemos dividir o trabalho da escola de esportes em duas grandes fases de aprendizagem: uma voltada aos movimentos básicos utilizados no dia-a-dia da criança e outra relativa à aprendizagem de movimentos técnicos do próprio esporte, seja ele qual for.

A primeira fase envolve um período anterior ao da aprendizagem esportiva e que é fundamental para o ser humano: a aprendizagem motora. Esta aprendizagem motora é trabalhada num período da escola de esportes chamado de iniciação esportiva e cerca-se de numerosa gama de atividades físicas. Neste período o indivíduo desenvolve a grande maioria de seus movimentos básicos, que servirão de suporte para a aprendizagem de uma ou mais modalidades esportivas no futuro. No período de iniciação esportiva, o indivíduo supre a necessidade de movimentos, aprendendo de maneira holística, despreocupando-se com a especialização dos movimentos e suas relações com rendimento. Ganha, neste período, em variabilidade e experiências essenciais, que serão utilizadas na próxima fase. O bom aproveitamento no período de iniciação esportiva favorece a aprendizagem esportiva:

integração ao esporte, educação e desenvolvimento da técnica.

A segunda fase concentra-se no aprendizado do esporte. Enquanto que na primeira fase a criança passou por inúmeras formas de movimentos (aleatórios ou próximos de algum tipo de esporte específico), a especialização esportiva se centralizará no processo de desenvolvimento do desporto em seus moldes técnicos. Dentro do período de especialização esportiva o aluno passará por um processo de aprendizagem de habilidades esportivas pertinentes ao seu desenvolvimento global. Mesmo tratando-se de especializar, nada deve ser antecipado; a precocidade pode cercear a variabilidade de movimentos e prejudicar o desenvolvimento motor, comprometendo o futuro tanto pessoal quanto esportivo do indivíduo. Aliás, a precocidade é um fator que, comumente, encontramos no esporte e revela um triste quadro de desconhecimento do que significa desenvolvimento motor e suas implicações sobre a vida. A especialização esportiva dentro da escola de esportes procura agrupar a maior carga de informações sobre os fatores inerentes ao desenvolvimento e ao esporte, fazendo com que ambos se encaixem e permitam ao aluno a aprendizagem do gesto técnico, o desenvolvimento da educação e o aprimoramento físico: todos importantes para a vida, seja ela entremeada com esporte competitivo ou lúdico.

O fato de a criança ter passado pela iniciação esportiva não significa que ingressará na prática de alguma modalidade esportiva. Porém é importante que a especialização seja conseqüência da iniciação esportiva. Existem aspectos abordados na iniciação esportiva que serão extremamente importantes no processo de aprendizagem esportiva. Devemos ter muito cuidado nos conteúdos que são aplicados em nossas aulas, pois são estas aulas que incentivarão ou não o indivíduo a praticar algum esporte.

1.4 - Aulas e treinamentos

Na escola de esportes encontramos duas formas de se trabalhar com as atividades motoras: aula e treinamento. Estas formas são distintas, sendo aplicadas em momentos adequados. As diferenças devem-se aos objetivos específicos que cada forma ostenta, sendo pouco provável que se faça confusão de uma com outra. A aula destina-se ao aprendizado das diversas movimentações, tendo caráter educacional e formativo. Sua preocupação centra-se na aquisição e desenvolvimento das habilidades motoras e suas relações com a vida. Através da aula são feitas as orientações para os movimentos até a conquista de sua eficiência, cuja técnica pode ou não estar presente. A aula está presente tanto na iniciação esportiva quanto na especialização esportiva.

O treinamento é conseqüência do desenvolvimento do aluno e transcende os objetivos da aula. Em seu conteúdo encontramos finalidades de rendimento, ou seja, a busca do movimento mais rápido, mais preciso, mais forte ou mais suave: tudo em direção do nível máximo de perfeição que o indivíduo possa oferecer. O impacto físico e psicológico é intenso, devendo o indivíduo estar apto para essa situação. Mesmo contendo estas características, o treinamento deve respeitar as restrições psíquicas e orgânicas impostas pela faixa etária e pela individualidade. Portanto, o treinamento aplica-se somente no período de especialização esportiva e, mesmo assim, sendo gradativamente elevado em seu nível de exigência.

Nas aulas o aluno aprende diversos tipos de deslocamentos e sua relação corpo-tempo-espaço. No treinamento, sua capacidade de movimentação é restringida a deslocamentos específicos, cuja precisão é altamente significativa. O que a aula introduz de novo, o treinamento desenvolve e amplia, objetivando as excelências técnica, física e psicológica, que determinarão uma performance cada vez mais apurada.

PARTE DOIS

INICIAÇÃO ESPORTIVA

2 – INICIAÇÃO ESPORTIVA

A iniciação esportiva é a primeira grande fase de aprendizagem motora na escola de esportes e abrange a faixa etária que vai dos cinco aos dez anos. Apesar de ser importante a estimulação desde o nascimento, reconhecidamente foge ao escopo da escola de esportes o trabalho de estimulação anterior a esta faixa etária. A iniciação esportiva segue como complemento da Educação Física escolar e ajuda no desenvolvimento infantil de uma forma geral. Seus conteúdos seguem e respeitam o desenvolvimento humano já expresso por GALLAHUE (1985) e estão adequados ao conceito de escola: pedagogia e aprendizagem. Isto posto, esta é a fase cujo trabalho irá abranger a aprendizagem motora e o desenvolvimento motor. As intervenções pedagógicas serão freqüentes e a atividade será dirigida, contendo objetivos claros e concretos.

2.1 - Desenvolvimento motor

O ser humano moderno, ao nascer, apresenta muitas de suas estruturas ainda não totalmente desenvolvidas, seja em nível cerebral, neural ou motor. O processo de maturação destas estruturas ocorre lento e progressivo, cujo gestual vai se diversificando e se tornando complexo com o passar do tempo. Dentro da história de evolução da espécie humana existem diversas etapas que o homem atravessou até chegar à sua atual singularidade. Segundo GOLEMAN (1995), a necessidade de sobrevivência, juntamente com o desenvolvimento de centros cerebrais capazes de conferir emoções àquilo que se percebia, tornou possível à raça humana elaborar movimentos complexos e conscientes, cujas finalidades foram ao longo do tempo sendo refinadas. Essa evolução ficou gravada e o desenvolvimento motor do ser humano, desde seu nascimento até sua total maturidade, apresenta implícitos esses estágios.

MANOEL (1994) afirma que o desenvolvimento motor possui duas características importantes: ontogênese e filogênese. A ontogênese é a somatória de experiências de vida do ser humano enquanto unidade biológica. Já a filogênese compõe-se de todas as experiências que a espécie humana colheu ao longo de toda a sua existência. Esta afirmação vem de encontro à de GOLEMAN e nos indica quão extenso é o campo do desenvolvimento motor do ser humano.

Ainda completando este raciocínio, GESELL (1993) aponta o homem como altamente complexo e, por isso, é o ser que mais demora para atingir sua maturidade relativa. Leva cerca de vinte anos para atingir a vida adulta e o período dos cinco aos dez anos ocupa uma posição média neste período. Os primeiros cinco anos são de preparação e os outros quinze são de conclusão. Os movimentos resultam da interação entre o indivíduo e o meio ambiente e as experiências colhidas através desta interação armazenam informações importantes para a manutenção ou alteração do comportamento psíquico e motor, refletindo em desenvolvimento. Assim, o processo de maturação decorre de um desenvolvimento lento e organizado em etapas. Para cada etapa do período de desenvolvimento infantil existem aspectos relevantes acerca do comportamento psíquico e motor, que determinam a mecânica e a plástica do gesto executado.

O refinamento deste gesto, ou seja, sua composição e eficiência, depende do grau de desenvolvimento em que o cérebro da criança esteja apresentando em cada uma destas etapas. Não podemos desvincular do cérebro os movimentos e capacidades de expressão do ser humano. Toda e qualquer aprendizagem ou execução de movimentos inicia-se a partir de toda uma estrutura perceptiva e efetora controlada em nível cerebral, pois é o cérebro que processa, organiza e controla as informações de todas as estruturas motoras percebidas ou executadas pelo ser humano.

O desenvolvimento motor é, então, decorrência de um desenvolvimento físico e mental, ao mesmo tempo que promove estes aspectos. Ou seja, para que o indivíduo tenha condições de desenvolver seu aparato motor é necessário que o seu físico e o seu intelecto estejam em condições de alavancar este desenvolvimento. Por sua vez, o desenvolver do aspecto motor proporciona condições de movimentos que ajudarão no melhor desenvolvimento físico e mental. Desta forma, a ação torna-se simultânea e recíproca, não havendo gradientes de importância para nenhum dos aspectos de evolução. Assim, no processo de aprendizagem do andar, por exemplo, o ser humano passaria pelas etapas de sua evolução: balancear, ficar em decúbito ventral, firmar o tronco, sentar, engatinhar e, finalmente, andar.

Para um melhor conhecimento e compreensão, GALLAHUE (1985) já propunha fases para o desenvolvimento motor. Enfocando o movimento sob o prisma desenvolvimentista, hierarquizou o gestual e classificou-o conforme o grau de complexidade, procurando estabelecer a relação entre desenvolvimento e movimento. Em sua classificação encontramos as seguintes fases:

1. Movimentos reflexivos;
2. Movimentos rudimentares;
3. Movimentos fundamentais;
4. Movimentos relacionados às habilidades esportivas.

A primeira fase compõe-se de movimentos tidos como involuntários – que servem para proteção e sobrevivência – sendo considerados instintivos. Exemplo desta fase é o ato de sucção no mamar. Os movimentos labiais da criança são inatos, ou seja, ninguém a ensinou a fazer o gesto; no entanto, o faz com facilidade e eficiência. Assim existem outros movimentos de igual condição, revelando que determinadas formas de movimentos advêm de uma necessidade fisiológica imediata e vital para o ser. Na segunda fase encontramos os movimentos rudimentares. São esboços de movimentos, que lembram o gesto consciente. Esta é a fase de transição dos movimentos involuntários para os controlados, coincidindo com a mudança de localização dos centros de processamento cerebral. Poderíamos classificar o rastejar de um bebê como uma forma de movimento rudimentar, preparatório para o movimento de andar.

Na terceira fase, observamos os movimentos fundamentais. Estes são todas as movimentações básicas (corridas, rolamentos, saltos, giros etc.) utilizadas no dia-a-dia da criança, constituindo-se de um padrão comum e simples. São atividades desprovidas de intenção sistematizada, sendo movimentos relacionados com a necessidade de interação que o ser humano possui. Na quarta fase, encontramos os movimentos relacionados às habilidades esportivas. São movimentações mais específicas, normalmente identificadas com determinado esporte. Não se constituem, muitas vezes, de movimentos comuns, requerendo experiência motora anterior.

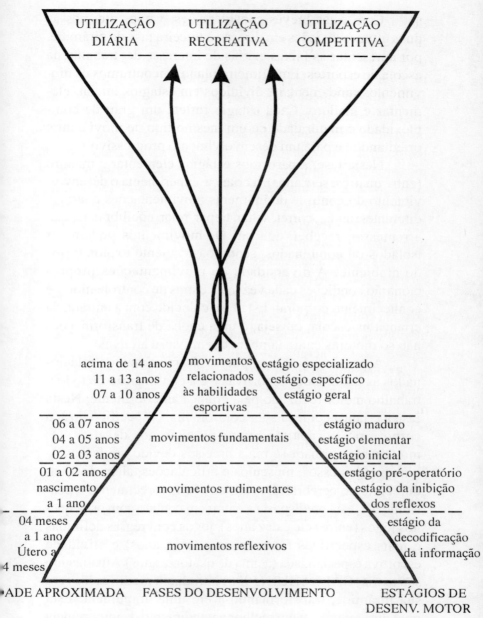

Fig. 2.1.1 - Ampulheta de desenvolvimento de Gallahue (1996).

Com estas breves considerações, vamos ater-nos às duas últimas divisões em direção à terceira fase da pirâmide, por apresentar as faixas etárias de interesse de trabalho da escola de esportes. Em primeiro plano, encontramos os movimentos fundamentais, divididos em estágios inicial, elementar e maduro. Cada estágio reflete um grau de complexidade e maturidade de um mesmo tipo de movimento, orientando-se para um desenvolvimento progressivo.

Nesta fase, a partir dos estágios elementar e maduro (entre quatro e sete anos), a criança experimenta o desenvolvimento do controle de inúmeras movimentações e tarefas diferentes: andar, correr, saltar, trepar, rolar, equilibrar, lançar, arremessar, receber, agarrar. Os movimentos podem ser isolados ou combinados, sendo basicamente exploratórios do ambiente. A diversidade de movimentações proporcionarão condições cada vez mais claras de controle motor e conhecimento corporal. Esta fase coincide com a entrada da criança na escola, ou seja, é uma época de transformações não só motoras como também cognitivas e afetivas.

A próxima fase compõe-se de movimentos relacionados às habilidades esportivas e é a continuação de todo o trabalho motor realizado pela criança anteriormente. Nesta fase a criança começa a ter controle mais específico do seu corpo e possui aparato motor propício aos desafios. Os movimentos tornam-se mais precisos devido ao desenvolvimento dos ossos, músculos e articulações, além do amadurecimento cerebral. Devido ao seu favorecimento e possibilidade, está predisposta a entrar em contato com os pequenos jogos (entre sete e dez anos), jogos com regras definidas e mais específicos (entre onze e treze anos) e atividade esportiva especializada (acima de quatorze anos).Atualizando sua teoria, GALLAHUE (1996) introduziu modificações em sua pirâmide, transformando-a em uma ampulheta. Esta mudança favoreceu um melhor entendimento da importância das atividades motoras desenvolvidas nas devidas épocas, aplicando-as no cotidiano, no campo recreativo e no campo esportivo. Desta forma, o desenvolvimento das habilidades motoras e das habilidades esportivas saem do espectro apenas competitivo, o que o impulsiona para uma tendência formativa e educacional. Como já foi explanado, o controle motor de uma criança necessita de certas etapas de desenvolvimento para concretizar-se. GESELL (1993) apresenta as características motoras ano a ano no período dos cinco aos dez anos de idade, mostrando que existem diferenças fundamentais em cada uma delas. Atropelar alguma das fases de desenvolvimento pode trazer deficiências no gestual da criança, podendo comprometer não somente o aspecto motor, como também os aspectos cognitivo e afetivo.

2.2 - Aprendizagem motora

Tratar de iniciação esportiva significa conhecer o processo de aprendizagem motora. Todos os movimentos realizados têm essa finalidade e, por isso, não podemos simplesmente ignorar este importante aspecto. Todo o processo de amadurecimento motor e, conseqüentemente esportivo, obedece à etapas do desenvolvimento humano conjuntamente com o processo de aprendizagem. A aprendizagem se dá pela ação recíproca entre o ser humano e o meio ambiente. Esta capacidade de interação é possível devido aos mecanismos perceptivos e proprioceptores existentes no ser humano. Estes apreendem todos os estímulos e sensações existentes no meio ambiente, funcionando como "porta de entrada" das informações. O movimento é a manifestação concreta deste processo: ao mesmo tempo que age como explorador do meio, estimula o ser humano para a aquisição de informações e referências.

A interação ser humano – movimento – ambiente promove contínuas alterações no comportamento, sejam elas motoras ou psíquicas. PIAGET (1977) expressa bem esta situação ao propor seu conceito de assimilação. Segundo o autor, a assimilação é a composição de adaptação e acomodação. Por adaptação entende-se como sendo o processo de formação do conceito, ou seja, é a aquisição de informações novas, que não fazem parte do acervo de conhecimentos do indivíduo. A acomodação é o processo de ampliação e diversificação dos conceitos já estabelecidos, ou seja, é a variação de um conceito através da derivação de um conhecimento original.

Por exemplo, quando o indivíduo incorporou o conceito "automóvel" (conceito novo) e formou a sua imagem, memorizou um conceito original e realizou uma adaptação. Quando este mesmo indivíduo se tornou capaz de diferenciar os variados modelos e marcas do automóvel, podemos dizer que ele acomodou o conceito. Assim, a teoria piagetiana admite a possibilidade de contínua modificação das estruturas de movimento do ser humano, coincidindo com GRECO (1997), que admite ajustes do movimento, dependendo da situação e do ambiente. Tal ocorrência estudaremos mais adiante neste trabalho.

Há um conceito atual de que a diversidade de estímulos é essencial à viabilização da aprendizagem motora e seu controle. CAMPOS (1985) já enfatizava a necessidade de se aprender a dominar as possibilidades de movimento.

Afirmava também que a aprendizagem se dá através da quebra do equilíbrio interno de cada ser. Quando um estímulo é proposto, isto pode ser encarado como um problema a ser resolvido. Cada contato com algo novo, diferente, tende a desorganizar as estruturas internas do indivíduo. Esta desorganização força a uma busca de possíveis soluções; quando resolvidas, equilibradas e adaptadas à nova realidade, consuma-se a aprendizagem.

Os conceitos de PIAGET, GRECO e CAMPOS completam-se e embasam o processo de aprendizagem na iniciação esportiva. Estas teorias alicerçam a tese de que a criança deve ter diversas estimulações motoras, buscando seu desenvolvimento físico, mental e social.

2.2.1 - Aprendizagem motora na iniciação esportiva

A aprendizagem motora se dá a todo instante, podendo ser livre ou dirigida. Ela acontece com ou sem a intervenção sistemática. Uma criança pode aprender a chutar uma bola sem ninguém nunca tê-la ensinado. O que difere na aprendizagem motora livre e a dirigida é que a segunda busca maneiras de promover a aquisição de movimentos de forma mais eficiente, além de desenvolver aspectos que poderão ser de crucial importância para o futuro do indivíduo. No entanto, mesmo tendo-se uma boa orientação de aprendizagem, é importante que a criança tenha os momentos de aprendizagem livre. É através desta aprendizagem que a criança descobre por si mesma as possibilidades de movimento, momento em que desenvolverá sua criatividade.

Partindo deste princípio, no período que compreende dos cinco aos dez anos de idade, é interessante o trabalho psicomotor, preparando a criança através das duas possibilidades de aprendizagem, buscando condições para o futuro refinamento do gesto. Desde movimentações mais simples até formas complexas de movimento são recomendadas. É claro que o nível de exigência varia conforme a faixa etária em questão. Entre cinco e seis anos recomenda-se o trabalho de movimentação fundamental, como andar, correr, saltar, equilibrar, além de atividades sensoriais. Entre sete e oito anos já se pode introduzir atividades mais complexas e pequenos jogos motores. Entre nove e dez anos a criança já possui controle motor bastante desenvolvido e já possui condições de entender e realizar movimentos mais coordenados. Nesta etapa recomenda-se o trabalho com jogos pré-desportivos, além de atividades motoras coletivas.

A combinação de exercícios com o elemento jogo (lúdico) torna-se um grande artifício para o desenvolvimento motor. Estes jogos, gradativamente, devem tornar-se cada vez mais complexos, quer em regras, quer em movimentos. Os jogos, ao mesmo tempo que limitam as ações, possibilitam grande liberdade de expressões e gestos corporais, exigindo contínuas mudanças de atitudes. Segundo INCARBONE (1990), tanto os jogos como os esportes de iniciação esportiva colaboram não só com a formação física, mas também moral e social da criança. Os exercícios propostos, aliados à espontaneidade dos jogos, proporcionam uma interação entre os campos afetivo, cognitivo e psicomotor.

Em aula, o professor pode e deve mesclar estes dois elementos para não saturar a criança e favorecer seu desenvolvimento. PROENÇA (1989) distribui as implicações do desenvolvimento pelos três campos da Educação Física, evidenciando o trabalho generalizado. Portanto, este não é um período para especializações e/ou aprimoramento técnico. Mas, sim, de diversificação de movimentos e situações que venham propiciar o aumento do vocabulário motor, consciência corporal e futuro refinamento gestual.

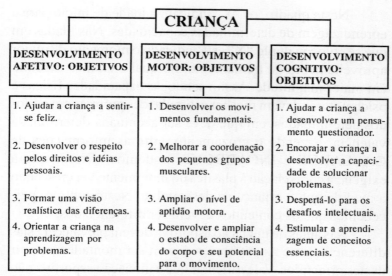

Fig. 2.2.1 - Objetivos do desenvolvimento.

Completando as informações de PROENÇA, apresentamos um quadro do DR. DIETRICH MARTIN, extraído de INCARBONE (1990), que traz os momentos mais propícios para trabalhar cada capacidade física ou psicomotora.

	IDADE	5	6	7	8	9	10	11	12	13	14	15
FÍSICAS	RESISTÊNCIA	x	x	x	x	x	x	x	x	x	x	x
	FORÇA					x	x	x	xx	xx	xx	xx
	VELOCIDADE			x	xx	xx	xx	xx	xx	xx	xx	xx
PSICOMOTORAS	CAPACIDADE DE APRENDIZAGEM MOTORA	x	x	x	xx	xx					x	
	DIFERENCIAÇÃO DIRECIONAL		x	x	x	x	xx	xx				
	CAPACIDADE DE REAÇÃO ACÚSTICA/VISUAL				x	xx	xx	x				
	ORIENTAÇÃO ESPACIAL				x	x	x	x	x	xx	xx	xx
	RITMO		x	x	x	xx	xx	x	x			
	SENTIDO DE EQUILÍBRIO						x	xx	xx	x		

Fig. 2.2.2 - Capacidades físicas e psicomotoras.

49

Neste quadro, os "X" indicam a idade de início para a aprendizagem de determinadas capacidades. Nas idades em que se colocou duplo "X" está indicado o momento de maior aproveitamento de treinamento, no qual a criança evoluirá em maior magnitude. Assim sendo, as capacidades físicas e psicomotoras devem receber estimulações próprias em períodos determinados, em que deve ser acentuada determinada valência. Fazendo o cruzamento entre as informações de GALLAHUE e INCARBONE, podemos afirmar que a exigência com relação à plástica do movimento vai crescendo à medida que a criança se desenvolve. Neste sentido, percebemos que os conteúdos devem ser diferenciados.

Nas aulas de iniciação esportiva devem prevalecer estas diferenciações e as atividades devem ser montadas a partir destes princípios. Vale salientar que a iniciação esportiva não pode abster-se do processo educativo, se atendo apenas ao recreativo ou ao aprendizado de movimentos. Pela própria terminologia e nomenclatura, significa a aprendizagem de diversas atividades esportivas num contexto generalizado e simplificado. Nestas atividades, que a todo momento requerem uma tomada de decisão e criatividade, o fator educação não pode ser restringido a um mero componente programático.

A iniciação deve buscar o desenvolvimento geral da criança, não somente prepará-la para o esporte. Como poderemos prever que determinada criança vá praticar alguma modalidade esportiva? E mesmo que pratique, quem garante que ingressará e tornar-se-á um atleta de competição? Por isso, devemos aproveitar o momento da iniciação esportiva para educarmos a criança no sentido de oferecer-lhe condições de saber utilizar seu corpo no dia-a-dia, melhorando a sua qualidade de vida como um todo.

2.3 - Objetivos da iniciação esportiva

O período referente à iniciação esportiva reveste-se de cuidados educacionais. O fato de a criança estar freqüentando estas aulas não significa que vá tornar-se um atleta. Pelo contrário, sua finalidade é dar embasamento e condições para que as habilidades motoras sejam desenvolvidas a tal ponto que a criança reúna condições de ingressar futuramente no aprendizado de alguma modalidade esportiva. Nesta perspectiva, o professor deve ter preparo teórico e prático para desenvolver sua aula, levando em consideração alguns objetivos importantes, tais como explicitou RODRIGUES (1989):

- Os objetivos são a longo prazo, com perspectivas a melhorar as condições gerais;
- As condutas a alcançar devem partir da própria criança;
- Não aplicar o princípio autoritário, reivindicar a liberdade;
- Desenvolver as potencialidades individuais de cada criança;
- Propor diversas atividades, não somente uma tarefa meramente normativa;
- Trabalhar com um método geral, não submeter permanentemente a técnica;
- Estimular a criatividade pessoal, não só o rendimento;
- Despertar a atitude crítica para as distintas situações;
- Utilizar uma pedagogia coerente com a atualidade, dentro de um aspecto mais amplo que o mero rendimento;
- Não buscar o produto final e, sim, estimular o diálogo e a superação de todo o grupo;

- Desenvolver uma ampla base de trabalho, em que se possa sustentar os resultados técnicos futuros;
- Escolher os elementos para desenvolver seus aspectos básicos de habilidades que apontem para a etapa posterior, que é a de especialização esportiva.

2.4 - Autonomia motora

A iniciação esportiva busca o desenvolvimento motor satisfatório à criança, por isso deve permitir a liberdade de pensamento e expressão. Segundo INCARBONE (1990), o professor não deve modelar o aluno e, sim, dar uma grande bagagem de experiências motoras. Estas experiências contribuirão para a formação do vocabulário motor, construindo uma autonomia motora, permitindo o desenvolvimento futuro com grande variedade de habilidades, que não só seriam importantes no esporte como também na vida diária. Deste modo, a iniciação esportiva, utilizando-se da educação psicomotora, deve diversificar as atividades e o material como elemento de motivação para a aprendizagem.

Para se promover a autonomia do movimento, a variedade de material torna-se importante, pois atua como diferencial de motivação e interesse. Com o material (maças, cordas, arcos, cones, bolas de variados tipos e tamanhos etc.) pode-se executar um sem-número de possibilidades de manuseios e contatos, que enriquecem a vivência corporal da criança. Atuam como obstáculos, desafios, complementos e ferramentas em situações-problemas que, ao serem solucionadas, proporcionam a interiorização da vivência física e psíquica, mudando o comportamento anterior.

Forçar a criança ao aprendizado precoce – aquisição de técnicas e táticas – pode, muito provavelmente, levá-la a estresses físico e psicológico. A criança é um ser que está em contínuo crescimento e desenvolvimento. Suas oscilações de comportamento, manifestação motora e relacionamento são decorrentes das alterações provocadas por estes intervenientes naturais. Por isso, é importante não especializar a criança em uma determinada atividade ou modalidade esportiva.

Por falta de conhecimento pedagógico, alguns professores e técnicos preocupam-se em melhorar o rendimento de seus alunos em competições esportivas. Segundo MACHADO e PRESOTTO (1997), utilizando-se do estudo de MIOTTO (1996), afirmam que a prática precoce na atividade esportiva especializada leva o aparelho locomotor a um comprometimento, atingindo oitenta por cento de sua potencialidade. A criança nesta faixa etária ainda não possui desenvolvimento fisiológico nem psíquico adequados ao ponto de serem cobrados estes aspectos relativos ao esporte específico. O esporte é uma atividade fechada e controlada por regras; como conseqüência limita o movimento em alguns estereótipos (gestos técnicos) e provoca uma especialização motora dos mesmos. Quando o esporte é desenvolvido precocemente em crianças, pode causar-lhes uma depreciação de sua autonomia motora, uma vez que seu vocabulário motor ficará restrito a um número pequeno de movimentos, se comparado às inúmeras possibilidades de movimentos que a criança pode realizar.

Como conseqüência, ao invés de o professor estar estimulando a criança, fazendo-a gostar do esporte, poderá estar incutindo nela um conceito de sofrimento e castigo. Neste caso, ao contrário de possíveis revelações de talentos, estará contribuindo para o afastamento prematuro das crianças das piscinas, quadras, pistas de atletismo etc. Iniciação esportiva é sinônimo de aprendizagem e educação, e não de performance. Segundo GONÇALVES (1994), a educação busca o desenvolvimento da criatividade. E a criatividade manifesta-se como conseqüência da liberdade de ação e pensamentos. Também o corpo deve estar livre em suas manifestações motoras, refletindo autonomia. Toda a estrutura corporal (ossos, articulações, músculos, sistema nervoso, sistema perceptivo e vestibular) deve estar desprendida de bloqueios, causados pela apatia e déficit de experiência motora.

No período concernente à iniciação esportiva, tanto a expressão como a consciência corporal ainda não estão desenvolvidas a contento. A iniciação esportiva age como promotora e facilitadora dos controles motor e psíquico, promovendo o interesse e o prazer em ingressar e praticar alguma modalidade esportiva, educando o movimento e as atitudes. A pré-disposição esportiva, a genética, o bom desenvolvimento das habilidades básicas e boa orientação pedagógica é que levarão a criança ao universo competitivo futuramente. O resultado é a longo prazo, porém perdura por muito mais tempo.

2.5 - O jogo na iniciação esportiva

O jogo é um fenômeno social. Segundo GRECO (1997), é resultado da interação entre criança – meio ambiente – percepção – movimento. É uma situação de conflito e cooperação entre indivíduos, almejando determinados objetivos, sejam eles comuns ou não. GRECO (1997), usando o modelo de DIETRICH, propõe três fases de evolução. Segundo este modelo, nos dois a três primeiros anos de vida predominam os jogos exploratórios, sendo considerados como sensoriais e de reconhecimento. Dos quatro aos sete anos evidenciam-se os jogos simbólicos e de papéis, caracterizando-se pela utilização simbólica dos materiais. Finalmente temos os jogos com regras, que determinam as ações e condutas.

Para RODRIGUES (1989), os jogos podem ser divididos em não-locomotores e locomotores. Os primeiros são aqueles de pouca movimentação e os últimos os que colocam em atividade grandes massas musculares. As interações meio ambiente – indivíduo – situação de jogo proporcionam maior inter-relacionamento e promovem sentido de cooperação (divisão de funções, papéis), reconhecimento das dificuldades alheias (colegas) e melhor visão de grupo (equipe).

Nos jogos, as habilidades motoras básicas experimentam possibilidades diversas e adversas em busca da resolução de situações-problemas. Como já foi descrito anteriormente, o jogo requer contínua tomada de decisão. Este processo de tomada de decisão efetua-se a partir de processamentos intrínsecos cerebrais. Segundo GRECO (1997), existe uma seqüência tal qual um computador para a definição da atitude a ser realizada. Tal fato colabora com o desenvolvimento do senso crítico, da análise, da observação e da criatividade da criança.

Os jogos, de uma forma geral, podem ser iniciados aos cinco anos e caracterizam-se pelo simbolismo. Os jogos com regras devem ser praticados a partir dos sete anos, época na qual a criança já passou pela fase egocêntrica da primeira infância e já adquiriu a capacidade de compreensão de regras simples. Em linha gerais, temos alguns aspectos importantes do jogo na iniciação esportiva:

- Colabora com o equilíbrio emocional;
- Melhora as faculdades de maneira geral;
- Desenvolve a imaginação;
- Melhora seu espírito de superação;
- Abre novos caminhos em seu mundo social;
- Ajuda no desenvolvimento dos sentidos;
- Realiza um trabalho de equilíbrio entre as atividades físicas e mentais;
- Colabora na aceitação das regras;
- Colabora no respeito à autoridade.

Além desses itens, há também o de preparar a criança para o jogo técnico, uma vez que contém aspectos semelhantes. É fácil perceber qual criança não teve este preparo quando inicia no esporte. Suas condutas em quadra tendem ao individualismo e facilidade de irritação em situações adversas. O jogo na iniciação esportiva ajuda no processo de desenvolvimento motor, na compreensão do próximo e na educação geral da criança.

2.6 - Uma experiência prática

Como podemos perceber, a iniciação se compõe de diversos itens e possui as mais variadas finalidades dentro de suas atribuições. Todos esses elementos puderam ser colocados em prática em uma instituição desportiva que abriga uma grande variedade de esportes: a Sociedade Esportiva Palmeiras. Por ser um clube tradicional ligado ao futebol, é interessante a quantidade de esportes que abriga em suas dependências, indo desde arco e flecha até futebol de campo. No que diz respeito à oferta de atividades esportivas aos sócios, a Sociedade Esportiva Palmeiras possui um departamento chamado Coordenadoria Sócio-Desportiva.

Até 1993 este departamento oferecia ao público infantil a recreação, com idades entre três e quatro anos, e para os públicos pré-pubertário e adolescente, as aulas de futsal, basquete, vôlei, handebol e natação, com idades entre onze e dezesseis anos. No entanto, no período que vai dos cinco aos dez anos, nenhuma atividade era dada, a não ser o futsal, que começava aos cinco anos. O observância desta situação, somada ao fato de os professores perderem boa parte de suas aulas ensinando movimentações básicas ao invés de ensinar o esporte, fizeram com que fosse apresentado um projeto que minimizasse esta deficiência: a iniciação esportiva. Esta se incumbiria de trabalhar a criança na faixa dos cinco aos dez anos de idade, dentro daquilo que já foi exposto neste livro. Em contrapartida, seria necessário extinguir as aulas de futsal para as crianças com idades entre cinco e oito anos, pois as mesmas representavam uma contradição aos argumentos apresentados para a atribuição da iniciação esportiva.

2.6.1 - Divulgação

Uma vez aprovado o projeto, era necessário divulgá-lo para que as pessoas pudessem saber do que tratava essa tal de iniciação esportiva. Procurando cercar o sócio, foi montado um painel informativo no balcão de atendimento da Coordenadoria Sócio-Desportiva, com a finalidade de que todos que viessem até o balcão pudessem ler e tirar dúvidas a respeito. Também foi escrita uma matéria especial no jornal de circulação interna, contendo informações básicas da nova atividade oferecida. Houve um pequeno treinamento dos funcionários que atendiam ao balcão, no sentido de que fossem capazes de orientar, da melhor maneira, os sócios que porventura se interessassem em inscrever seus filhos. Finalmente, todos os professores foram orientados para que fizessem a divulgação em suas aulas, conversando com os pais e com as próprias crianças.

O trabalho de divulgação começou em fins de 1993 e as atividades começaram em fevereiro de 1994. É fascinante, e ao mesmo tempo assustador, a falta de informações que a população em geral possui a respeito da iniciação esportiva. Talvez pelo fato de o ensino de Educação Física ser deficiente nas escolas e os professores mal formados para exercerem as suas funções, é que esta situação ainda perdure. Como conseqüência notou-se uma certa indiferença para a nova atividade, sendo muitas vezes considerada como absurda e autoritária.

2.6.2 - Resistência dos pais

Por ser um clube ligado ao futebol de campo e por não oferecer ao sócio esta atividade, o futsal, em substituição, tornou-se, ao longo dos anos, a grande prática esportiva realizada no clube. Tal característica foi sendo transmitida de pai para filho, refletindo uma situação bastante idêntica encontrada em diversos clubes da cidade de São Paulo. Como a iniciação esportiva não se trata de competição nem tampouco de esportes, os pais não se interessavam em colocar seus filhos para praticá-la. Quando em 1996 o futsal foi definitivamente retirado da escola de esportes para crianças entre cinco e oito anos houve uma certa confusão a respeito. Houve a necessidade de se manter as aulas de futsal para as crianças com nove e dez anos para minimizar a situação de antipatia ante a modificação.

Muitos pais foram reclamar alegando arbitrariedade e recusavam-se a matricular seus filhos na "tal de iniciação esportiva". Foram necessários pelo menos seis meses para que as reclamações parassem de chegar aos balcões do departamento.

2.6.3 - Mudança de comportamento

Conforme as orientações foram sendo dadas e as dúvidas esclarecidas, observou-se uma modificação no comportamento e opinião das pessoas. O grande desafio de mudar a cultura interna do clube aos poucos foi sendo transposto. Como conseqüência, o número de crianças praticantes da iniciação esportiva vem crescendo gradativamente. Em 1994 o clube possuía apenas duas turmas de iniciação esportiva: uma contendo quatro alunos e outra contendo seis. No presente momento do lançamento deste livro, podemos comemorar um aumento qualitativo e quantitativo: cinco turmas de iniciação esportiva contendo cada uma, uma média de quinze crianças. Há crianças que não participam das aulas, mas em comparação ao que era está muito melhor. Atualmente os pais é que vêm procurar vagas – alguns até insistem quando não há – e nota-se respeito pela atividade. Isto vem reforçar a idéia de que, quando a atividade é embasada em conhecimentos científicos, sua legitimação e aceitação são aceitas no decorrer do tempo.

PARTE TRÊS

ESPECIALIZAÇÃO ESPORTIVA

3 — ESPECIALIZAÇÃO ESPORTIVA

3.1 - Conceito

A especialização esportiva é uma etapa subseqüente à iniciação esportiva e caracteriza-se pelo ingresso da criança no aprendizado de um ou mais esportes. É um período de formação no âmbito esportivo, derivado de diversos fatores, tais como: intenção de praticar alguma atividade, interesse em melhorar aspectos de coordenação, força, resistência, velocidade e busca de prazer. O termo "especialização esportiva" assume a conotação de formação de atletas, porém vai além deste objetivo. O aprendizado de uma ou mais modalidades esportivas também pode refletir na melhora de aspectos cognitivos e sociais. O aprendizado implica em relacionamentos humanos advindos da interação da prática esportiva e os exercícios da atenção e raciocínio proporcionam o desenvolvimento da inteligência.

Apesar de restringir o movimento, o esporte contribui significativamente, desde que bem estruturado, com o vocabulário motor, além de induzir o praticante a situações de adversidades e desafios que deverão ser resolvidos e transpostos. Na especialização esportiva busca-se, gradativamente, a eficiência do gesto técnico pertinente à modalidade. Os movimentos, agora, serão regidos por objetivos fechados e controlados por regras específicas. A generalidade cede lugar à especificidade no movimentar-se. A especialização esportiva não garante a formação de atletas ao nível de cem por cento, no entanto, fomenta a aquisição do gesto técnico e o conhecimento e desenvolvimento da atividade esportiva no ser humano.

3.2 - Gesto técnico

O movimento traz consigo uma intenção e vontade. Qualquer que seja a ação, voluntária e consciente ou reflexa e de reação, implica na resolução de problemas ou conquista de interesses. Assim sendo, um objetivo pode ser alcançado através de diferentes formas e movimentos. Por exemplo, o ato de pegar um copo pode admitir diversas formas de execução: o modo de preensão, o trajeto que o braço percorre etc. Os movimentos do cotidiano não seguem uma regra rígida de execução, podendo ter diferentes derivados e ou gradientes motores.

O gesto técnico é a movimentação específica, esteriotipada, regulada por preceitos e ordens de intenção. Esses preceitos e ordens de intenção estão representados e calcados pelas regras. Para MACHADO E PRESOTTO (1997) as regras são a legalização de uma determinada prática, cujos limites podem atrair/motivar ou não o praticante. Desta forma, as regras impulsionam o indivíduo à especialização e refinamento do ato motor. As regras ditam a forma de jogar: a locomoção, a dinâmica de execução, quantos jogam, espaço de jogo ou confronto, tempo de duração etc. À execução de movimentos especializados, com formas e fins definidos, dá-se o nome de técnica. A técnica dentro do meio esportivo é, então, todo movimento especializado pertinente a cada esporte, com finalidades de adequação às regras e à eficácia dos movimentos.

3.3 - Aprendizagem do gesto técnico

Existem muitas controvérsias sobre o trabalho desenvolvido dentro do desporto de base relativo à criança, principalmente com relação à idade ideal de seu início à atividade esportiva. Por não haver um consenso a respeito, é muito comum vermos o professor, na ânsia de obter resultados em curtos períodos de tempo, lançar mão de meios (exercícios e cobranças) que deveriam ser empregados num estágio futuro. O fato de a criança não possuir certas habilidades específicas relativas ao esporte num determinado momento não significa que não as terá num próximo e que não seja apta à sua prática. Da mesma forma, uma criança que apresenta alto grau de plasticidade do seu movimento não significa que despontará como atleta de alto nível.

O desenvolvimento do ato motor na especialização esportiva, bem como todos os fatores inerentes ao esporte, se constitui de inúmeros detalhes que muitas vezes são desprezados pelos profissionais responsáveis pelo trabalho. Existem movimentações do esporte que são mais complicadas e difíceis de serem aprendidas, principalmente pela exigência de certo nível de coordenação motora, capacidade de conhecimento corporal e capacidade de apreensão de estímulos. Existem outros aspectos relevantes como o ambiente, o material, o ritmo, a existência ou não de companheiros de equipe etc., que influenciam e compõem o universo esportivo. Todos esses elementos, combinados, requerem um certo tempo para serem incorporados pela criança. Somente após esta incorporação é que a criança terá condições de desenvolver outros aspectos como força, velocidade, resistência e agilidade.

Nas aulas de especialização esportiva, principalmente no período inicial, a aprendizagem ainda está muito forte. Sobre a aprendizagem, existem várias teorias que procuram explicá-la. LISELOTT (1977), em sua teoria situacional, defende que a maturidade do movimento depende mais das aberturas e situações de aprendizagem do que propriamente das condições fisiológicas da criança. Desvincula o ato motor do crescimento e desenvolvimento, preferindo argumentar a favor da estimulação. O aprendizado, então, seria decorrência de estimulações e não do amadurecimento físico e psíquico da criança. Enfatiza a importância das atividades motoras e dos jogos e suas variações, mas não descarta a aquisição de técnicas logo aos primeiros anos de vida. GRECO et al. (1997) tratam da aprendizagem do gesto técnico e expõem três teorias:

- Teoria do circuito aberto;
- Teoria do circuito fechado;
- Teoria do esquema.

A primeira teoria baseia-se no programa motor, ou seja, cada movimento possui um programa específico para sua execução, não possuindo *feedback*. Assim sendo, para cada variação do movimento haveria um programa específico que seria acionado para sua execução. Por sua vez, a segunda identifica um sistema de *feedback*, onde o movimento pode ser corrigido durante sua execução. A terceira fundamenta-se no programa motor generalizado, no qual admite que o movimento pode ser ajustado para adaptar-se às condições ambientais. Existem pontos positivos e negativos nas três teorias, o que torna difícil uma compreensão exata do processo. Foram feitas algumas investigações acerca da eficiência prática da teoria do esquema. FREUDENHEIM (1992) e FERRAZ (1993) analisaram o *timing coincidente* e o *timing antecipatório*, respectivamente, comparando a variabilidade da prática com a atividade constante. Apesar de os dois experimentos não atestarem a eficiência da variabilidade, em ambos foram apontadas sensíveis vantagens da teoria do esquema. Em ambos os trabalhos também foram admitidas limitações nos experimentos, recomendando testes longitudinais e em atividades motoras mais complexas.

Porém é certo que a teoria do esquema resolve certos problemas que as outras não conseguem resolver. O primeiro problema é com relação ao programa específico da teoria do circuito aberto. Se cada movimento possui um programa, o cérebro teria que ter uma memória extraordinariamente grande para abranger todas as variáveis do movimento, o que seria altamente estressante ao ser humano. Por sua vez, a teoria do circuito fechado não consegue explicar como movimentos realizados pela primeira vez são controlados. Existem indivíduos que realizam o movimento correto desde a sua primeira tentativa de execução, não necessitando, assim, do *feedback*. Existem movimentações aprendidas que já se automatizaram. Mesmo com contínua intervenção pedagógica, muitas vezes o movimento não apresenta modificações, pois no período de aprendizagem não se diversificou o padrão de execução. Neste caso, o *feedback* não seria eficiente.

A teoria do esquema abre as possibilidades, uma vez que permite ajustes do movimento em situações diversas, podendo ser considerada como a mais atual e completa. Prescreve que a variação dentro de um mesmo gesto técnico é altamente positiva para a busca da perfeição nos mínimos detalhes. Podemos afirmar, então, que o professor deverá levar o aluno do geral ao específico - do mais simples ao mais complexo –, buscando a maior variação possível dentro de um mesmo movimento técnico, evitando a exaustiva repetição de um único padrão. Isto, provavelmente, evitará a automatização de um gesto técnico defeituoso, incompleto ou limitado. Apesar da limitação imposta pelas regras, as movimentações específicas e básicas possuem variantes de execução.

A cortada no voleibol, por exemplo, não necessariamente deve ter uma única forma de execução. O movimento pode e deve ser realizado com diferentes direcionamentos, o que significa diferentes encaixes da mão e do corpo na execução do gesto técnico. Assim, a cortada pode ser dirigida na paralela, em diagonal, na linha de fundo ou na linha dos três metros, possuir velocidade ou não, tudo dependendo da situação apresentada ao indivíduo no momento de sua execução. Se possuir um repertório motor variado, irá conseguir buscar a melhor alternativa para cada situação. Desta forma, nas aulas de especialização esportiva, os movimentos devem ser estimulados nas suas mais variadas possibilidades, melhorando progressivamente as habilidades motoras inerentes a cada esporte. PROENÇA (1989) apresenta os componentes da habilidade motora, dividindo-a em quatro itens: espaço, tempo, objetos e relações.

Fig. 3.3.1 - Quadro de habilidade motora (PROENÇA, 1989).

As variantes – espaço, tempo, objetos e relações – orientam toda a estrutura em que a modalidade deve assentar-se. Se não forem bem trabalhadas, essas variantes poderão nada acrescentar ou influenciarão negativamente sobre as condutas psíquica e motora do aluno. Disto decorre o aprendizado deficiente das condutas práticas da modalidade. Segundo GRECO et al. (1997), deve-se utilizar a metodologia parcial, cuja repetição da somatória das partes é utilizada para conseguir a automatização do gesto completo.

Da mesma forma que na iniciação esportiva, a criança deve ter uma aprendizagem com práticas variáveis, procurando torná-la mais habilidosa. Todo processo de aprendizagem motora objetiva a otimização, conferindo economia de esforço e movimento, evitando gastos energéticos desnecessários. Além disso, minimiza o estresse psicológico da criança, uma vez que esta não sofre muitas intervenções de correção durante a aula ou no processo como um todo.

Todos os movimentos relativos aos esportes contêm estruturas e subestruturas peculiares. Tanto nos esportes individuais como nos coletivos as variáveis ritmo, velocidade, força, agilidade e resistência possuem trabalhos específicos e diferenciados; todos eles desenvolvidos com movimento. Assim sendo, tanto o voleibol como o basquetebol possuem, por exemplo, a variável agilidade. No entanto, os movimentos utilizados para se atingir a meta são distintos, ou seja, o que serve a uma modalidade pode não ser eficiente em outra. Todos esses critérios têm o objetivo de fazer com que a criança vá aprendendo e refinando cada vez mais o gesto técnico. Devemos lembrar que o esporte sem gestos técnicos eficientes perde muito de sua beleza e qualidade, além de concorrer para fracassos desnecessários.

3.4 - Etapas da especialização

A exemplo da iniciação esportiva, a especialização percorre etapas de refinamentos e exigências. O respeito ao desenvolvimento motor é fundamental nesta época e, por isso mesmo, devemos ter consciência do longo processo que a criança irá percorrer até, talvez, tornar-se um atleta. Este respeito deve começar pela idade de início da criança na especialização esportiva. Utilizando os conceitos de GALLAHUE

(1985), o trabalho de especialização poderia começar aos onze anos de idade, independente do sexo. Este trabalho seria uma espécie de "rascunho" do esporte específico e serviria de base para o desenvolvimento da modalidade especializada. Para ASTRAND (1992), a especialização esportiva se dá após o pico de crescimento em altura, tomando por base a idade biológica da criança.

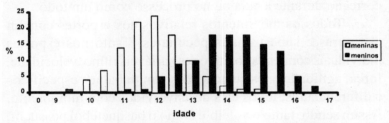

Fig. 3.4.1 - Gráfico de distribuição na porcentagem de PHV.

Analisando o gráfico, observamos que o pico de velocidade de crescimento em altura tem seu ponto médio, para os meninos, por volta dos catorze anos, e para as meninas por volta dos doze anos. Entretanto, é difícil identificar se a criança já passou por esse período ou quanto tempo levará para atingi-lo. Portanto, cabe ao professor de Educação Física a delicada tarefa de identificar em cada aluno a sua aptidão e o seu tempo aproximado para a especialização no esporte.

A especificidade do gesto técnico exige uma automatização específica. Para isso, estrutura os conteúdos de forma que um movimento sirva de base e favoreça um outro mais elaborado. Como o movimento decorre da interação indivíduo-ambiente, qualquer evolução da coordenação e da estrutura motora é precedida de um passado acumulado de experiências. É de extrema importância saber qual é a época e a seqüência que se seguirá neste aprendizado mais técnico. GRECO (1997) divide o período da especialização esportiva em cinco fases:

- Fase de orientação (doze a catorze anos);
- Fase de direção (catorze a dezesseis anos);
- Fase de especialização (dezesseis a dezoito anos);
- Fase de aproximação (dezoito a vinte e um anos);
- Fase de alto nível (acima de vinte e um anos).

Em relação ao modelo de GRECO, fizemos apenas a junção das fases de aproximação e alto nível, por entendermos que estas duas fases não se dissociam; ao contrário, se compõem. Desta forma, podemos dividir o período da especialização esportiva em quatro momentos: incorporação, aperfeiçoamento, eficiência e rendimento. Estes quatro níveis não são distintos e independentes, pois em cada nível está embutido seu predecessor, conforme demonstra a fig. 3.5.1:

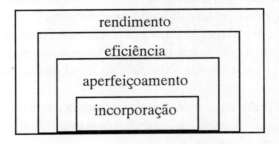

Fig. 3.5.1 - Quadro evolutivo da especialização esportiva.

Conforme já explanado anteriormente, a especialização é, também, uma fase de aprendizagem. E esta aprendizagem visa o futuro promissor do atleta. Talvez a diferença básica seja a finalidade com que o movimento é realizado. As habilidades básicas têm a finalidade de favorecer o relacionamento corporal com o ambiente, facilitando a interação e o usufruto deste. Quando se aplica ao esporte, sua finalidade é sustentar todas as variações e aprimoramentos dos movimentos, buscando condições ótimas de desempenho. Ajuda no aprimoramento do gesto técnico e viabiliza a prática desportiva em seus moldes organizacionais. Tais prerrogativas, além da melhoria dos aspectos físicos e psíquicos, almejam a ludibriação do adversário, conquistando a vitória.

3.4.1 - Incorporação

A etapa de incorporação situa-se entre onze e treze anos de idade e consiste no aprendizado básico da modalidade. É a primeira etapa da especialização esportiva e é, talvez, o momento de maior cuidado em relação ao aluno. Todo o alicerce técnico será construído a partir dela. Como o próprio nome diz, é uma fase do aprendizado em que o aluno irá incorporar a base do esporte. Suas habilidades serão condicionadas, estereotipando o movimento. Portanto, ainda não há a preocupação com a performance (rendimento) e o gesto técnico altamente refinado. A exigência em relação aos movimentos deve ser requerida ao nível das estruturas básicas.

É primordial o desenvolvimento da técnica individual, que se dará a partir de exercitações que trabalhem os seguintes aspectos:

- Ritmo dos movimentos específicos;
- Posições e movimentações corporais básicas;
- Capacidade de identificação das áreas e suas demarcações (quadra, praça esportiva, piscina, área de combate etc.)
- Adaptação aos materiais;
- Aprendizado das regras específicas.

Nesta fase procura-se trabalhar o aluno individualmente e com grande diversificação dos exercícios, procurando fazê-lo crescer em habilidade de forma harmoniosa. Esta é uma fase de transição entre as habilidades básicas e as habilidades esportivas. Devemos lembrar que a especialização mais profunda deve ocorrer no período de aperfeiçoamento. Por isso não se recomenda a prática do jogo técnico ou a realização da modalidade em seus moldes definitivos de eficiência. Tal situação pode induzir a criança a fazer o movimento de qualquer maneira, na tentativa de alcançar a vitória ou a atenção do professor.

As estimulações externas também agem no comportamento motor, e conseqüentemente no comportamento esportivo, necessitando de controle. A criança tem à sua disposição várias formas de informações. A televisão é uma delas e, talvez, a mais forte, pois o estímulo visual fornece dados detalhados dos movimentos executados pelos atletas de alto nível. Por exemplo, uma partida da NBA (basquetebol norte-americano) promove um verdadeiro show de imagens. Os movimentos plásticos e perfeitos executados pelos atletas são vistos pela criança, que tentará imitá-los. Seus estágios de desenvolvimento e de vocabulário motor ainda não reúnem as condições necessárias, mas, mesmo assim, tentará fazer. O resultado poderá ser desastroso e o movimento técnico poderá comprometer-se. Estes fatores podem prejudicar e, até mesmo, anular todos os esforços de aprendizagem correta dos fundamentos da modalidade. Por isso, a fase de incorporação reveste-se de cunho formativo-educacional. O professor deve manter um trabalho de orientação não só do ponto de vista esportivo como também dos aspectos relacionados à vida.

3.4.2 - Aperfeiçoamento

A etapa de aperfeiçoamento situa-se entre treze e dezesseis anos. É a etapa em que a criança se aprimorará tanto física como mentalmente no esporte, ampliando o ciclo de aprendizagens essenciais. Uma vez trabalhada a base, o professor tem condições de aperfeiçoar o gestual do aluno e sua conduta esportiva. Nesta fase, as habilidades individuais são somadas ao trabalho em conjunto. As movimentações são feitas em prol do grupo, e não mais individualizadas. Nesta etapa pode-se, gradualmente, desenvolver as valências físicas como força, velocidade e resistência. No geral, a etapa de aperfeiçoamento abrange os seguintes aspectos:

- Aumento gradativo da velocidade de execução dos movimentos específicos;
- Aumento gradativo da coordenação dos movimentos específicos;
- Atitudes e movimentos corporais mais complexos;
- Domínio total do material esportivo;
- Compreensão e interpretação das regras;
- Desenvolvimento da tática de jogo ou da estratégia de competição.

Ao final deste período a criança já terá passado pelo período pré-pubertário e estará atravessando a adolescência. Neste período, além do campo psicomotor e cognitivo, é necessário trabalhar o afetivo. As transformações orgânicas e psíquicas podem desencadear desequilíbrios na personalidade e dificuldades de ajustamento. Este quadro interfere de forma direta no esporte, que por mais individualizado que seja, sempre conta com o trabalho de uma equipe de pessoas, sejam elas professores, técnicos, médicos etc.

3.4.3 - Eficiência

Esta etapa vai dos dezesseis aos dezoito anos de idade e caracteriza-se por definições no âmbito da especialização esportiva. Até este ponto a criança não necessariamente deveria ser considerada um atleta. Todas as movimentações e treinamentos realizados até então buscaram o aprimoramento sistemático das habilidades motoras, gestos técnicos e características específicas do esporte. O que ocorre nesta etapa é a busca da eficácia dos gestos, ou seja, sua aplicação correta, consciente e consistente. Para tanto, consideramos os seguintes aspectos:

- Domínio tanto da técnica como da tática do esporte;
- Condições físicas ideais para o início do rendimento esportivo;
- Treinamentos específicos durante grande parte do tempo;
- Preocupação com a eficácia e perfeição das atitudes esportivas.

A aprendizagem concentra-se no experimento de situações de jogos, provas e suas nuanças. O treinamento de jogadas ensaiadas nos esportes coletivos, o desenvolvimento da técnica de saída da natação, o estudo de uma pista de corrida de atletismo são exemplos de como a aprendizagem se processa nestas situações.

3.4.4 - Rendimento

É a partir de todo o trabalho realizado anteriormente que o indivíduo exibe condições de ingressar definitivamente

no esporte. Esta é a última etapa da especialização esportiva; fase em que o indivíduo pode ser considerado atleta. Deste ponto em diante busca-se o alto nível, em que destacamos os seguintes itens:
- Treinamentos sistematizados;
- Preparação física intensa;
- Exigências cognitivas (tomada de decisão, tempo de reação);
- Elevado senso de elaboração;
- Elevado senso tático;
- Busca de vitória e conquista de competições.

Neste contexto o indivíduo deverá suportar a carga de treinamentos e competições que se seguirão por todo o seu futuro esportivo. Vale salientar que todas as etapas percorridas até este ponto foram de extrema importância. A possível deficiência dos conteúdos em algum momento destas etapas pode significar prejuízo para o rendimento esportivo do atleta. O processo de formação esportiva exige controle, além de conhecimentos técnico e científico suficientes para evitar déficits inoportunos.

Também é de fundamental importância a monitoração psicológica durante todo este período. Um atleta não se faz somente de ossos, músculos e nervos; possui cognição, ou seja, também é necessário o desenvolvimento da inteligência. O cérebro é responsável por toda a elaboração do movimento e seu controle. Portanto é necessário ter todo o suporte para a manutenção do *stress* psicológico em níveis suportáveis.

3.5 - O jogo na especialização esportiva

O jogo é o grande objetivo da especialização esportiva. Enquanto que na iniciação esportiva o jogo é o meio, na especialização este torna-se o fim. Todas as atividades desenvolvidas em aula ou treinamento são colocadas em prática, objetivando maior sincronismo entre os movimentos. Em virtude disso, viabiliza e otimiza o gestual técnico em todas as suas variações, permitindo, cada vez mais, a sua eficiência.

Enquanto o exercício é a prática de movimentos isolados, o jogo é a combinação dos movimentos e suas variáveis. Em outras palavras, o jogo reproduz todas as movimentações aprendidas e treinadas em aula ou treinamento. Vale salientar que a prática do jogo desportivo deve acontecer a partir do momento em que a criança reunir condições de desempenhar o gesto técnico com um mínimo de eficiência. Antes de jogar, a criança deve possuir certas condições neuromotoras, fisiológicas e psicológicas essenciais. Orientação espacial, equilíbrio e senso de direção são alguns dos atributos necessários às movimentações e interações que o jogo requer como premissa.

Também o aspecto coletivo é trabalhado no jogo. A noção de equipe acentua-se a partir do momento em que a criança se relaciona com seus companheiros, buscando o mesmo objetivo. O sincronismo se dá, então, em duas possibilidades. A primeira está no aspecto individual, conforme já descrito; a segunda, social, está entre os integrantes da equipe que estão jogando. Neste aspecto, a cooperação é um fator que deve ser estimulado e ressaltado. Um jogador só concretiza a pontuação ou finaliza a ação esportiva se os membros de sua equipe agirem de forma que esta situação possa ocorrer.

Em se tratando de esporte coletivo, cada elemento possui uma função. A soma destas funções é que permitirá à equipe chegar a um bom resultado. Funciona como ação sinérgica, cuja somatória de forças resulta em outra ainda maior. Portanto, não existe jogador que faça tudo sozinho na equipe. Para que o indivíduo desenvolva esta percepção coletiva e aja como elemento de interação e cooperação é necessário que este conheça as diversas posições táticas e suas funções. Assim, no período de especialização esportiva, principalmente nas fases de incorporação de aperfeiçoamento, o indivíduo deve conhecer, compreender e executar cada uma destas funções, uma vez que ainda não há definição das suas valências físicas e psicomotoras.

O resultado em nível de aprendizado será maior devido à grande variedade de gestos técnicos e seus respectivos deslocamentos, além de facilitar o entendimento das necessidades que os seus companheiros de equipe têm durante a realização do jogo desportivo. A consciência da importância do grupo e a habilidade individual despontarão como fatores determinantes da construção da conduta esportiva da pessoa.

Somente com a conciliação destas duas possibilidades é que o jogo terá condições de desenvolver-se em nível técnico cada vez mais elevado. A consciência dos aspectos individual e coletivo deve ser almejada em todos os momentos: é o equilíbrio desses fatores que possibilita ao grupo de jogo amadurecer esportivamente. Outro fator importante é a possibilidade de estudos que o jogo oferece. O experimento de situações favoráveis e adversas contribuem em diversas direções do amadurecimento esportivo. Durante o jogo podemos observar, analisar e corrigir aspectos importantes, favorecendo o desenvolvimento, o aperfeiçoamento e a eficiência nos três campos da Educação Física:

Aspecto cognitivo

- Desenvolvimento do raciocínio;
- Estimulação da tomada de decisão;
- Ampliação da capacidade de observação;
- Estimulação da antecipação.

Aspecto afetivo

- Desenvolvimento do sentimento de grupo;
- Controle da ansiedade;
- Adoção de limites à agressividade;
- Neutralização da violência.

Aspecto psicomotor

- Controle dos movimentos básicos;
- Aumento da habilidade motora;
- Desenvolvimento físico;
- Consolidação do esquema corporal;
- Fixação do gesto técnico.

GUARINO (1996) aborda a formação técnico-tática nos jogos desportivos coletivos. Aponta a necessidade de se trabalhar as habilidades motoras que serão utilizadas no jogo, seguindo uma metodologia de sucessão de desenvolvimento motor. Condiciona às capacidades motoras as habilidades motoras ligadas diretamente ao gesto técnico, conforme fig. 3.5.1:

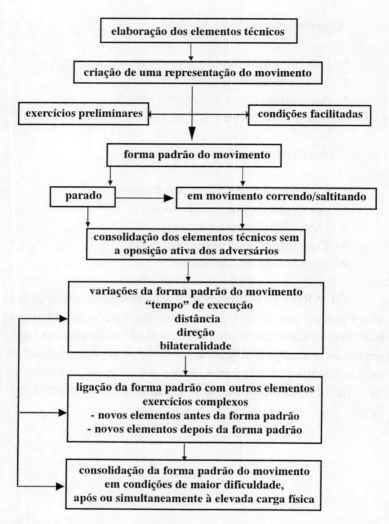

Fig. 3.5.1 - Sucessão metodológica para o desenvolvimento das habilidades motoras do jogo (GUARINO, 1996).

Em princípio, o jogo se processa sem objetivos táticos, ou seja, a criança apenas movimentar-se-á em virtude do gesto técnico, não lhe sendo exigida a capacidade de posicionamento ou jogadas ensaiadas. Conforme a criança vai progredindo no esporte, as exigências técnicas e táticas do jogo também se acentuam. Além disso, o jogo também é uma carga de estímulo muito grande. É como se fosse o prêmio decorrente da realização de todos os exercícios propostos em aula.

3.5.1 - Tática aplicada ao jogo

Após aprender, desenvolver e tornar eficiente, o gesto técnico pode ser utilizado nas movimentações características do esporte. Quando estas movimentações são realizadas a partir de percepções e objetivos definidos, com posicionamentos que visem antecipar a ação do adversário no sentido de se colocar em vantagem, chamamos de tática. Conforme propõe GUARINO (1996), a tática é a otimização do conjunto de normas e comportamentos individuais em concordância com os demais companheiros de equipe. É o sincronismo entre o aspecto individual e o coletivo.

O período de eficiência é marcado pelo início do desenvolvimento da tática do jogo desportivo. A tática varia de um esporte para outro, porém existem algumas linhas mestras que podem ser identificadas nos esportes coletivos de uma maneira geral. Isso ocorre, pois em todos os esportes coletivos existem os aspectos de ataque e defesa, ou seja, ora a equipe busca vantagem em relação à equipe adversária para marcar um ponto, ora preocupa-se em antecipar-se ao adversário para não sofrer o ponto. Esta prática de atacar, preocupando-se em também defender, ratifica que o esporte é uma atividade cujo confronto, seja ele direto ou indireto, tem como objetivo a suplantação do adversário.

Para que esta situação de ataque e defesa possa ser bem desenvolvida utilizamos os treinamentos. Os treinamentos são, nada mais, nada menos, do que a oportunidade de se desenvolver, além do aspecto físico, as movimentações e os posicionamentos precisos em relação à equipe adversária, dentro de um contexto tático. No treinamento busca-se, também, a rápida percepção da forma como a equipe adversária joga, possibilitando a perfeição dos deslocamentos, de tal forma que o indivíduo consiga localizar, perceber e interagir com os seus companheiros e com o adversário. Para melhor entendimento dos aspectos de ataque e defesa, estabelecemos características para estas situações:

Ataque

A conclusão satisfatória de ataque – que dá a vantagem ou o ponto à equipe – ocorre a partir de duas situações intrínsecas:

Os membros da equipe realizaram as movimentações precisas, cada um com sua função momentânea;

O conjunto de movimentações induziram o adversário ao erro, abrindo a possibilidade da conclusão efetiva da jogada.

Defesa

Já o interrompimento da jogada do adversário ocorre através de outras duas situações:

As movimentações bloquearam a jogada do adversário através de posicionamentos precisos;

As antecipações de movimentações e posições da equipe propiciaram o bloqueio da jogada do adversário.

Assim, devido a estas circunstâncias é que se torna necessário o trabalho diversificado, tanto de movimento individual quanto de coletivo. Não existe situação padrão em um jogo desportivo nem tampouco jogadas que saiam exatamente como foram treinadas. E isso é natural, pois nenhum adversário age sempre da mesma forma, ou seja, os jogadores adversários não se movimentam nos mesmos espaços, nas mesmas direções, observando os mesmos jogadores o tempo inteiro. Assim sendo, cada indivíduo deve ter condições de tomar decisões em curtíssimos espaços de tempo e procurar soluções viáveis para os problemas que vão surgindo. A capacidade de jogo e capacidade de criação é que serão os diferenciais entre as equipes. Cada elemento é uma peça vital para o jogo; no entanto, jamais um único jogador será o responsável pelos sucessos ou fracassos da equipe.

CONSIDERAÇÕES FINAIS

A escola de esportes tem uma grande contribuição a dar à sociedade e ao desporto, uma vez que é uma das grandes disseminadoras dos mais variados tipos de esportes. O seu raio de ação abrange um contingente bastante expressivo de pessoas, que a transforma em necessidade e expressão sociais. Ainda abarca em seus conteúdos o aspecto educacional, funcionando como extensão do trabalho realizado nas escolas particulares e públicas. Com relação ao aspecto competitivo, a escola de esportes viabiliza a orientação e formação de atletas, admitindo que o aparecimento deles se deve à intersecção de diferentes aspectos, que combinados proporcionam as condições necessárias para o desenvolvimento dos mesmos.

A formação de um atleta vai muito além dos treinamentos que faz para ter rendimento. O êxito de uma temporada não depende somente do trabalho do ano anterior. Ao contrário, é um trabalho de muitos anos de cuidados; ultrapassa a esfera do nível competitivo e vai desde sua aprendizagem na infância e adolescência. Toda a plasticidade e perfeição executados pelo praticante da atividade desportiva decorrem de um amadurecimento motor satisfatório. Este amadurecimento se faz através de atividades motoras bem planejadas e encaixadas nas épocas corretas do desenvolvimento humano. Se isso for dosado corretamente, a possibilidade de encontrarmos talentos será maior e nosso esporte poderá ser enriquecido de valores.

Para isso as aulas de iniciação esportiva e especializações esportivas foram criadas dentro das escolas de esportes. Cada uma, em sua época, vai propiciar condições de a criança experimentar diversas movimentações e vivências diferentes. A primeira se preocupará com o desenvolvimento das habilidades básicas da criança, educando-a nos três campos da Educação Física: afetivo, cognitivo e psicomotor. Procurará, também, preparar a criança para o aprendizado da futura prática esportiva específica. A segunda se encarregará de desenvolver as habilidades básicas, aproveitando-as no esporte específico. Nestas aulas o professor iniciará a criança no esporte, aperfeiçoará e tornará eficiente seus movimentos; tudo numa seqüência progressiva de desenvolvimento.

Tanto a iniciação como a especialização não garantem a formação de atletas ao nível de cem por cento. Porém é certo que as duas influenciarão na vida do indivíduo. Somente o desenvolvimento adequado da criança é que propiciará condições de ela seguir adiante no meio esportivo e permanecer nele por mais tempo. Sem atletas de bom nível, os técnicos, as entidades esportivas e o público perdem em espetáculos. O trabalho precipitado e incorreto tende a produzir atletas com "vida útil" muito pequena. A iniciação esportiva e a especialização esportiva, quando ministradas de forma coerente, minimizam, e até mesmo eliminam, essa possibilidade de fracassos esportivos intensos. As duas atividades – uma na infância e a outra na adolescência – são de extrema importância. Basta as pessoas responsáveis pelo esporte darem o devido valor.

CRONOGRAMA DE IMPLANTAÇÃO DE ESCOLA DE ESPORTES

O processo de implantação de escola de esportes deve possuir duas etapas importantes:

Primeira etapa
– Reunião com a diretoria da instituição e apresentação do projeto;
– Contato com a realidade local: estruturas físicas e materiais;
– Contato com a clientela-alvo: suas espectativas e predisposições;
– Contato com pais e demais profissionais da entidade em questão.

Segunda etapa
– Seleção das atividades que serão oferecidas às pessoas da instituição;
– Apresentação das atividades motoras e esportivas à diretoria;
– Organização geral da escola de esportes: horários dos módulos, professores adequados, freqüências etc;
– Divulgação dos novos serviços oferecidos pela instituição ao públido-alvo;
– Contato com pais e demais profissionais da instituição;
– Reavaliação periódica dos resultados.

BIBLIOGRAFIA

ASTRAND, P.O. *Crianças e adolescentes: desempenho, mensurações, educação*, in Revista Brasileira de Ciência e Movimento, vol. 06, núm. 02. São Caetano do Sul: FEC do ABC, 1992.

FERRAZ, Osvaldo Luís. *Desenvolvimento de timing antecipatório em crianças*. Dissertação de mestrado. São Paulo: USP, 1993.

FERREIRA, Priscila Ribeiro. *Esporte, Cultura e Escola: um caminho necessário*, in Esporte com Identidade Cultural. Brasília: Indesp, 1996.

FREUDENHEIM, Andrea Michele. *Formação de esquema motor em crianças numa tarefa que envolve timing coincidente*. Dissertação de mestrado. São Paulo: USP, 1992.

GALLAHUE, D.E. Mc Clenaghan B. *Movimientos Fundamentales*. Buenos Aires: Panamericana, 1985.

GALLAHUE, David L. *Development Physical Education for Today's Children*, 3ª ed. Madison: Brown & Benchmark, 1996.

GODOY, João Francisco Rodrigues de, et al. *Desporto de base: jogando para o desporto*. Piracicaba: Unimep, 1992.

GOLEMAN, Daniel. *Inteligência Emocional – Teoria revolucionária que define o que é ser inteligente*. 44ª ed. Rio de Janeiro: Objetiva, 1995.

GONÇALVES, Maria Augusta Salin. *Sentir, Pensar, Agir - Corporeidade e Educação*, 1ª edição. São Paulo: Papirus, 1994.

GRECCO, Pablo Juan et al. *Temas atuais em Educação Física e Esportes*, 1ª ed. Belo Horizonte: Health, 1997.

GUARINO, M. *Manual do técnico desportivo*. São Paulo: Ícone, 1996.

INCARBONE, Oscar. *Iniciação Desportiva*, in Revista Brasileira de Ciência e Movimento, vol. 04, núm. 03. São Caetano do Sul: FEC do ABC, 1989.

KNAPPE, Willie e HUMMEL, Albrecht. *Concepção da "formação desportivo-corporal de base" na baixa idade escolar*. Cidade do Porto: Universidade do Porto, 1991.

LISELOTT, Diem. *Esportes para Crianças*. Rio de Janeiro: Beta, 1977

MACHADO, A. A. e PRESOTTO, Daniel. *Iniciação esportiva: fatores relevantes e preocupantes*, in Psicotemas da Educação Física. Campinas: Ágora, 1997.

MANOEL, Edson de Jesus. *Desenvolvimento motor: implicações para a Educação Física Escolar I*, in Revista Paulista de Educação Física, vol. 08, núm. 01. São Paulo: Escola de Educação Física da USP, 1994.

PANZETTI, Humberto Aparecido et al. *Projeto desporto de base: compromisso com a democratização e cidadania*. Indaiatuba: 1996.

PIAGET, Jean. *Psicologia da inteligência*. Rio de Janeiro: ZAHAR, 1977.

PROENÇA, José Elias de. *Criança e Atividade Física*, in Revista Brasileira de Ciência e Movimento, vol. 03, núm. 02. São Caetano do Sul: FEC do ABC, 1989.

RODRIGUES, Maria. *Manual teórico e prático de Educação Física Infantil*, 5ª edição. São Paulo: Ícone, 1989.

TUBINO, Manoel José Gomes. *Uma visão paradigmática das perspectivas do esporte para o início do século XXI*, in Educação Física & Esportes/perspectivas para o século XXI. São Paulo: Papirus, 1993.

Impresso na
**press grafic
editora e gráfica ltda.**
Rua Barra do Tibagi, 444 - Bom Retiro
Cep 01128 - Telefone: 221-8317